PÉRIGORD

◆

KULINARISCHE REISE

PÉRIGORD

Einleitung von
Marcel Clévenot
Manoir de Bellerive

Rezepte von
Éric Jung

Fotos von
Jean-Pierre Duval

**Edition
ReiseArt®**

Périgord

Die Deutsche Bibliothek - CIP - Einheitsaufnahme
Kulinarische Reise, Périgord / Einl.von Marcel Clévenot. Rezepte
von Eric Jung. Fotos von Jean-Pierre Duval.
[Hrsg.:Cécil Duval. Übers.: Anton Kovacic].
Erfurt ; München ; Osnabrück : ReiseArt, 1999
Einheitssacht.: Saveurs de France, Le Périgord <dt.>
ISBN 3-933572-24-X

Originalausgabe: ISBN 2-908878-88-7
Romain Pages Éditions Sommières

Herausgeberin: Cécile Duval

Lithoherstellung Quo Media Suresnes

Graphik
Christophe Meier

Layout
Olivier Jourdan

Übersetzung: Anton Kovacic
Korrektur: Jutta Kovacic
Lektorat: Hans Westerhaus

Druck: Druckerei M. Wirth GmbH, Ziegeleistraße 4, 37627 Stadtoldendorf

Vertrieb und Auslieferung:DCE ReiseArt Dienstleistungs-Centrum Erfurt GmbH
Wilhelm-Wolff-Str.1 99099 Erfurt

Inhaltsverzeichniss

◆

EINLEITUNG

◆

Das vierfarbige Périgord (Weiß, Purpur, Grün und Schwarz) ist eine von der Sonne überflutete und von Wasserläufen (Dordogne, Vézère), von Wäldern und Weinbergen durchzogene Landschaft der Gegensätze. Wälder, in denen man Trüffeln und Steinpilze findet, Weinberge, die Wein in vier Farben hervorbringen: Weiß, Rot, Rosé und Likörfarbig. Schließlich könnte man wegen der Entenzucht für Stopfleber und Entenbrust sagen, daß sich in diesem von den Göttern gesegneten Land das Tor zum Paradies befindet.

Der Ursprung der Stopfleber? Schon die alten Ägypter züchteten und mästeten Gänse und Enten. Trüffeln, die „schwarzen Diamanten der Küche", gedeihen an den Füßen der Steineichen, besonders im Périgord Noir. All das ist eine Mischung aus edlen Produkten für eine Küche von hoher Qualität für Gourmets und Gourmands.

Die Legende von Chabrol, erzählt von den Bewohnern von Bayac (Beaumont):

Pierre Célestin Chabrol war Knecht auf dem Bauernhof von Landbesitzer Timothée. Mit seinen neunzehn Jahren war er ein unscheinbarer, junger Mann, der in Annette, die Tochter seines Herrn, verliebt war.

In jenem Jahr, am vorletzten Tag der Weinlese, ließen ihn die jungen Leute aus der Umgebung den ganzen Tag über die Kiepe tragen und machten sich lustig über ihn. Todmüde legte er sich am Abend auf seinen Strohsack, anstatt am gemeinsamen Essen teilzunehmen. Die anderen vergaßen ihn bald, außer Annette, die ihm einen Napf mit fetter Suppe brachte. Nachdem er gegessen hatte, wollte er etwas trinken, doch Annette hatte den

Becher vergessen. Der arme Knecht hatte nun eine Idee und bat seine Herrin, ihm etwas Wein aus dem Faß in den Napf zu zapfen, in dem ein Rest von Bouillon übriggeblieben war. Nachdem er ausgetrunken hatte, schlief er ein. Am nächsten Tag war er schon im Morgengrauen frisch und munter wieder auf den Beinen. Fortan mischte er jeden Tag die Bouillon in seiner Schüssel mit Wein. Das gab ihm die Kraft eines Herkules und weckte seinen Geist. Er wurde Gutsverwalter bei seinem Herrn Timothée, und wenig später heiratete er Annette. Sein ganzes Leben lang mischte er nach dem Essen Wein mit Bouillon. Man weiß nicht, wann er gestorben ist, aber die Legende sagt, daß er sehr alt wurde. Und das ist ohne Zweifel die Ursache dafür, daß sich die Tradition des „Chabrol" im Périgord und im gesamten Südwesten Frankreichs ausgebreitet hat. Es ist unmöglich, sich ein Essen in Familie vorzustellen, ohne die Suppe oder den *„Tourain"* (Bratensaft) mit dem berühmten „Chabrol", zu dem man den Wein aus dem eigenen Anbau oder der Region nimmt, zu genießen. Erst danach wird ein richtiger Einheimischer aus dem Périgord sein Messer aufklappen, um das Brot fürs anschließende Essen zu schneiden.

FRISCHE STOPFLEBER-TERRINE AUS LANDES (TERRINE DE FOIE GRAS FRAIS DES LANDES)

Die Stopfleberterrine schmeckt 3 bis 4 Tage nach der Zubereitung besser und zarter, und sie kann im Kühlschrank bis zu 8 Tagen aufbewahrt werden. Um die Qualität der rohen Stopfleber zu bestimmen, reißt man die beiden Leberlappen auseinander, um sie zu trennen: Wenn das Gewebe wie ein Stück Talg bricht, wird die sehr fette Leber beim Zubereiten stark schrumpfen. Wenn sie sich vor dem Zerreißen elastisch ausdehnen läßt, wird die Leber, reich an Nervensträngen, beim Garen sich nicht zusammenziehen, sondern trocken und ohne Duft sein. Mit einer Leber, die sich biegsam und ohne Widerstand dehnt, bevor sie reißt, und danach einen scharfen Riß zeigt, hat man das ideale Stück für eine schöne Terrine in der Hand.

Zubereitungszeit: 24 Stunden vorher ; plus 12 Stunden für das Einlegen
Garzeit: 40 Minuten

- *2 frische rohe Stopflebern von der Ente des Landes, ca. 600 g pro Stück.*
- *16 g feines Salz*
- *3 g weißer gemahlener Pfeffer.*
- *eine Messerspitze geriebene Muskatnuß*
- *eine Messerspitze Gewürzmischung*
- *ein gestrichener Teelöffel Zucker*
- *2 cl Portwein*
- *2 cl Sherry*
- *2 cl Armagnac*

Die Leber für eine Stunde in lauwarmes Wasser mit der „tierischen Temperatur" von 37°C legen. Dadurch werden sie gereinigt und weich und Haut und große Röhren lassen sich leichter entfernen.

Abtropfen lassen und mit der Hand die beiden Lappen voneinander trennen.

Mit einem Messer die Lappen quer durchschneiden, um die blutführenden Venen freizulegen. Mit der Messerspitze die Venenenden anheben, dann vorsichtig herausziehen.

Die grünen Gallespuren sehr sorgfältig abschaben und beseitigen. Die vier aufgeschnittenen Lappen in eine Schüssel legen und Salz, Pfeffer, Muskatnuß, Gewürzmischung, Zucker, Portwein, Sherry und Armagnac dazugeben. 12 Stunden im Kühlschrank marinieren lassen und zwei-, dreimal umdrehen.

Am nächsten Tag eine Stunde vor dem Zubereiten aus dem Kühlschrank nehmen. Die Lappen wieder zusammensetzen. Den ersten großen Lappen unten in die Terrine legen und festdrücken, dann die zwei kleineren und zum Schluß den zweiten großen Lappen obenauf legen. Eine Fettpfanne 2 cm hoch mit Wasser füllen und in den Ofen bei schwacher Hitze

(150°C) schieben. Die Wassertemperatur auf 70°C bringen. Die Terrine ohne Deckel ins Wasser stellen und bei gleicher Temperatur 40 Minuten garen. Die Temperatur im Wasserbad soll in keinem Fall mehr oder weniger als 70°C betragen.

Die Terrine aus dem Wasserbad nehmen, mit dem Deckel schließen und zwei bis drei Stunden abkühlen lassen. Vor dem Servieren mindestens eine Nacht kühl stellen.

Für 10 Personen.

STOPFLEBER IN WEICHER KASTANIENCREME (VELOUTÉ DE CHÂTAIGNES AU FOIE GRAS)

Dies ist ein typisches Rezept aus dem Périgord, das viel Zeit erfordert , aber was für ein Genuß zu rotem Fleisch oder Wild!

Zubereitungszeit: 1 Stunde 30 Minuten
Garzeit: 3 Stunden 20 Minuten.

* 1 Liter Milch
* 1 Liter Geflügelfond
* 1 kg geschälte Kastanien
* 20 cl Crème fraîche
* 1 Salbeiblatt
* eine geputzte rohe Stopfleber von etwa 500 g
* Salz, Pfeffer

Die Kastanien in der mit Salbei aromatisierten Milch zugedeckt eine Stunde auf kleinem Feuer kochen. Dann die Milch filtern und beiseite stellen.

Die zweite Haut von den Kastanien abziehen, solange sie noch heiß sind, und zusammen mit der Milch im Mixer pürieren. Das Püree in einen Kochtopf geben und den Geflügelfond zugießen. 50g rohe Stopfleber in kleine Würfel schneiden, mit einem Eßlöffel Fond mischen und zur Creme geben. Salzen, pfeffern, die *Crème fraîche* zufügen und auf kleinem Feuer ohne Deckel 15 Minuten kochen lassen. Dann, je nach Bedarf, 5 bis 10 cl Geflügelfond unterrühren, um eine cremige Substanz zu erhalten.

In der Zwischenzeit die restliche Stopfleber in kleine Medaillons schneiden und ohne zusätzliches Fett in einer beschichteten Pfanne von jeder Seite eine Minute lang braten. Salzen und pfeffern. Die Medaillons auf tiefen Tellern anrichten, mit der heißen Kastaniencreme überziehen und gleich servieren.

Für 6 bis 8 Personen.

TERRINE PÉRIGORD-ART
(TOURTE PÉRIGOURDINE)

Ein Rezept unserer Großmütter als Beilage zu einem Gemüsegericht oder lauwarm als Vorspeise. Was für ein Duft von Trüffeln und Morcheln!

Zubereitungszeit: 30 Minuten
Garzeit : 30 Minuten

- 300 bis 400 g Mürbeteig
- 20 g Butter
- 200 g Morcheln
- 20 g Schalotten
- 120 g Trüffeln
- 500 g rosa gegarte Entenstopfleber
- 50 cl Madeira
- 1 Glas Milch
- 3 Eier
- 200 g Crème fraîche
- Salz, Pfeffer, Muskat

Am Vortag die Leber in Scheiben schneiden und in Madeira pochieren (aufkochen). Kühl stellen.

Eine Pastetenform mit Mürbeteig auslegen.

Die Morcheln hacken, in Butter anschwitzen und die Schalotten dazugeben.

Vorsichtig die sich bildende Flüssigkeit verdampfen lassen, so daß eine ziemlich trockene Masse entsteht.

In die ausgekleidete Form eine Schicht dieser Masse geben, darüber in Scheiben geschnittene Trüffeln und mit einer Schicht pochierter Leber enden.

Fest verschließen und im Ofen, Thermostat 5/6 (180°C), etwa 30 Minuten backen. Warm servieren.

Für 6 Personen.

PÉRIGORD-PASTETE
(PÂTÉ PÉRIGOURDIN)

In diesem für das Périgord typischen Rezept kann man das Fleischbrät auch durch Entenfleisch ersetzen.

Zubereitungszeit : 30 Minuten
Gekühlt haltbar : 36 Stunden
Garzeit : 2 Stunden

- *500 g Fleischbrät*
- *2 Eier*
- *2 Eßlöffel Cognac*
- *1 Eßlöffel Mehl*
- *500 g frische Entenstopfleber*

- *50 g Trüffelsaft*
- *15 g Salz*
- *5 g Pfeffer*
- *1 Messerspitze Muskat*

Das Fleischbrät mit 9 g Salz, 3 g Pfeffer, Muskat und einem Eßlöffel Cognac abschmecken.

Eier und Mehl einarbeiten und alles 24 Stunden ruhen lassen.

Die Stopfleber zu einem Ballen formen und in Trüffelsaft mit einem Eßlöffel Cognac, 6 g Salz und 2 g Pfeffer einlegen. 24 Stunden kühlstellen.

Die Hälfte der Farce in eine tiefe, glasierte Tonform geben und die Leber gut in die Mitte plazieren. Mit dem restlichen Brät abdecken, alles gut andrücken.

Im Ofen im Wasserbad, Thermostat 6/7 (190°C), zwei Stunden zugedeckt garen, dann im Kühlschrank 12 Stunden durchkühlen lassen.

Für eine Terrine von 1,5 kg.

STOPFLEBER MIT EIERN
(ŒUFS AU FOIE GRAS)

Zwei einfache Spiegeleier, serviert auf frischer Entenstopfleber, und, *voilà*, eine Sonntagsvorspeise.

Zubereitungszeit : 10 Minuten
Garzeit : 5 Minuten

- *1 dünne Scheibe Stopfleber*
- *1 Stückchen Butter*
- *2 Eier*
- *Trüffeln (eventuell)*
- *Salz, Pfeffer*

In einer Pfanne langsam die Leberscheibe eine Minute auf jeder Seite bräunen.

Die Pfanne entfetten, Butter hineingeben und die beiden Eier auf die Leber schlagen. Mit Salz und Pfeffer würzen. Die Eier stocken lassen und mit feinen Trüffelscheibchen bestreuen, sofort servieren.

Für 1 Person.

STOPFLEBER IN WIRSINGBLÄTTERN
(FOIE GRAS EN AUMÔNIERE DE CHOU VERT)

Bei dieser Art der Zubereitung behält die Entenleber ihren ganzen Geschmack und verbindet sich sehr gut mit dem des Wirsingkohls. Dieses Gericht hat nur wenig Kalorien.

Zubereitungszeit : 20 Minuten
Garzeit : 10 Minuten

- *1 Wirsingkohl*
- *250 g Stopfleber*
- *grobes Salz aus Guérande*
- *Pfeffer aus der Mühle*
- *2 cl Hühnerbouillon*

- *120 g Butter*
- *5 g Korianderkörner*
- *Schnittlauch*
- *1 Spritzer Weinessig*

Die Blätter vom Kohl ablösen, in heißem, gesalzenem Wasser blanchieren, dann in Eiswasser abschrecken und trockentupfen.

Die Stopfleber in Scheiben von je 30 g schneiden und würzen.

Die Rippen von den Kohlblättern entfernen, dann die Leberscheiben auf die Blätter legen und einwickeln. In Alufolie fest verschließen, so daß nichts austreten kann. In einen Dampftopfeinsatz legen und zehn Minuten lang im Dampf garen.

Die heiße Hühnerbouillon mit der frischen Butter auf schwachem Feuer aufschlagen. Gegebenenfalls nachwürzen und mit Koriander, Schnittlauchröllchen und etwas Essig abschmecken.

Die Kohlpäckchen aus dem Topf nehmen und die Folie entfernen. Abtropfen lassen.

Auf vorgewärmten Tellern anrichten und etwas von der aufgeschlagenen Butter sowie Salz und Pfeffer dazugeben.

Für 4 Personen.

FEINSCHMECKERSALAT MIT STOPFLEBER (SALADE GOURMANDE AU FOIE GRAS)

Die Mischung von Stopfleber und Essig würde unsere Großmütter noch überraschen, aber die Entwicklung unserer Küche erlaubt diese sehr geschätzte Art der Zubereitung und ergibt eine exzellente Vorspeise.

Zubereitungszeit : 30 Minuten
Garzeit : 10 Minuten

- *50 g gemischter Salat (Batavia, Eichblatt, Lollo rosso)*
- *30 g grüne Bohnen*
- *1 Tomate*
- *10 g Nüsse*
- *10 g Schnittlauch*

- *40 g rosa gegarte Entenstopfleber (Halbkonserve, bei 80°C sterilisiert)*
- *Salz, Pfeffer aus der Mühle*
- *2 cl Sherryessig*
- *6 cl Walnußöl*

Eine Vinaigrette (Salatsoße) aus Salz, Pfeffer, Sherryessig und Walnußöl zubereiten.

Die grünen Bohnen putzen, waschen und in Salzwasser kochen. Absieben und in Eiswasser abschrecken. Abtropfen lassen.

Den Stielansatz der Tomate entfernen, sie für 20 Sekunden erst ins kochende und dann ins kalte Wasser geben. Abziehen, in Viertel schneiden, entkernen und kleinwürfeln. In eine Salatschüssel den Salat, die Tomatenwürfel, die Nüsse und die Schnittlauchröllchen geben, einen Teil der Salatsoße hinzufügen und vorsichtig mischen.

Restliche Salatsoße über die grünen Bohnen gießen und pfeffern. Auf den Salat legen. Die Stopfleber in Scheiben obenauf anrichten.

Für 2 Personen.

BANDNUDELN MIT STOPFLEBER (TAGLIATELLES AU FOIE GRAS)

Bei diesem Gericht können Sie die Stopfleber auch durch Steinpilze (ca. 80 g) ersetzen.

Zubereitungs- und Garzeit: 50 Minuten

- *130 g Bandnudeln*
- *30 g Butter*
- *20 cl Crème fraîche*
- *150 g Stopfleber*
- *Petersilie, Salz, Pfeffer*

Périgord-Sauce :
- *5 cl Cognac oder Armagnac*
- *5 cl roter Portwein*
- *20 cl Enten- und Hühnerfond*
- *15 g Trüffeln*

Die Bandnudeln bißfest kochen und abkühlen lassen.

Die in dicke Würfel geschnittene Stopfleber in Butter anbraten, abtropfen lassen und die Pfanne entfetten.

Périgord-Sauce:

In einem Kochtopf Portwein und Cognac auf die Hälfte einkochen. Den Entenfond zugeben und fünf bis zehn Minuten kochen.

Die gehackten Trüffeln sowie ihren Saft, wenn vorhanden, hinzufügen, abschmecken und noch fünf Minuten köcheln.

20 cl dieser Soße in die Pfanne gießen und zum Kochen bringen. Abgetropfte Leberstücke und die *Crème fraîche* hinzufügen und bis zur erwünschten Konsistenz einkochen.

Die Butter in einem Schmortopf zerlassen, die Nudeln dazugeben und warmmachen.

Die Nudeln auf vorgewärmten Tellern anrichten, mit der Soße übergießen und mit gehackter frischer Petersilie bestreuen.

Für 2 Personen.

GEBRATENE STOPFLEBER MIT GESCHMORTEN FEIGEN (FOIE GRAS POÊLÉ AUX FIGUES RÔTIES)

Dieses Gericht kann man eher in den Restaurants bekommen als bei den Entenzüchtern. Eine Frucht wie die Feige gibt der Leber Süße und Aroma, unter der Voraussetzung, dass gerade richtig gebraten wird.

Zubereitungszeit : 15 Minuten
Garzeit : 35 Minuten

- *200 g rohe Entenleber in Scheiben*
- *8 schöne, feste Feigen*
- *5 cl Enten- oder Hühnerfond*

- *1 cl Rotweinessig*
- *10 g Kristallzucker*
- *10 g Butter*
- *Salz, Pfeffer*

5 Feigen vierteln, in eine Schüssel legen und mit Zucker bestreuen. Unter den heißen Grill stellen, bis sie weich geworden sind und der Zucker geschmolzen ist.

Die übrigen drei Feigen schälen, mit der Gabel zerdrücken und mit der Butter in einem Topf schmoren. Den Essig dazugießen und einkochen, dann Enten- oder Hühnerfond hinzufügen, salzen und pfeffern und noch 8 Minuten kochen.

Die Stopfleberscheiben würzen und je nach Dicke 1 bis 2 Minuten in einer beschichteten Pfanne braten, bis sie langsam Farbe annehmen.

Auf Küchenpapier abtropfen lassen.

Die Feigenviertel am Tellerrand verteilen, die Soße darüber gießen und die Leberscheiben obenauf legen.

Für 2 Personen.

SALAT AUS EINGEMACHTEN ENTENMÄGEN UND NÜSSEN (SALADE AUX GÉSIERS DE CANARD CONFITS ET AUX NOIX)

Dieser Salat regt den Appetit an. Er ist als vorzügliche Vorspeise oder, als Beilage zu einem Kartoffelgericht anzurichten.

Zubereitungszeit : 20 Minuten

- *2 Salatherzen von Batavia- oder Friséesalat*
- *4 dicke eingemachte Entenmägen*
- *12 Scheiben Baguette, vorzugsweise französisches Landweißbrot*
- *40 g Nüsse*

30 cl vinaigrette à l'huile de noix
- *5 cl Wein- oder Sherryessig*
- *15 cl Walnußöl*
- *1 Eßlöffel scharfer Senf*
- *Salz, Pfeffer*

Den Salat zerpflücken und waschen.

Die Mägen in feine Scheiben schneiden, dabei das anhaftende Fett aufbewahren.

Die Mägen in etwas eigenem Fett in einer Pfanne braten, bis sie Farbe angenommen haben und knusprig sind.

In einer anderen Pfanne die Weißbrotscheiben im restlichen Entenfett rösten. Auf Küchenpapier legen.

Aus Essig, Öl, Senf, Salz und Pfeffer eine Vinaigrette rühren. Über den Salat geben und die Nüsse hinzufügen. Gut mischen.

Die heißen Mägen auf dem Salat verteilen, mit den *Croutons* umlegen und servieren.

Für 4 Personen.

SALAT MIT GETROCKNETEM ENTENBRUSTFILET (SALADE AU MAGRET DE CANARD SÉCHÉ)

Man kann dieses Rezept auch mit anderen Salatsorten zubereiten und das Entenbrustfilet durch eingemachte Entenmägen oder Stopfleberscheiben ersetzen.

Zubereitung- und Garzeit : 20 Minuten

- *2 Salatherzen vom Eichblattsalat*
- *1 dicke, feste Tomate*
- *20 Scheiben getrocknetes Entenbrustfilet*
- *40 g Walnußkerne*
- *4 Stengel Kerbel*
- *Schnittlauch*

Vinaigrette mit Walnußöl :
- *Wein- oder Sherryessig*
- *3 mal soviel Walnußöl*
- *scharfer Senf*
- *Salz*
- *Pfeffer*

Den Salat zerpflücken und waschen. Den Stielansatz von der Tomate entfernen, sie in kochendes Wasser legen, gleich wieder herausnehmen und in kaltem Wasser abschrecken, dann die Haut abziehen und das Fleisch in Würfel schneiden.

Den Salat in 3 cl Salatsoße schwenken, die Tomatenwürfel, grob zerkleinerte Nüsse und Schnittlauchröllchen hinzugeben.

In der Mitte von vier Tellern anhäufen.

Jeweils fünf Scheiben getrocknetes Entenbrustfilet darauf verteilen und mit einem Stengel Kerbel garnieren.

Für 4 Personen.

SCHMALZFLEISCH VON SCHWEIN UND ENTE (GRILLONS DE PORC ET DE CANARD)

Dies ist ein vortreffliches Spargericht, wie es auf den Bauernhöfen im Périgord für den Winter als Anreicherung deftiger Eintöpfe zubereitet wird.

Zubereitungszeit : 30 Minuten
Garzeit : 3 Stunden

- *2 kg Schweinebauch oder- brust*
- *die Hülle von einer Ente*
- *das Gerippe von einer Ente*
- *1/2 Glas Wasser*

- *1 Bouquet garni (Kräuterbündel)*
- *Salz*
- *Pfeffer*

Schweinebrust, die Hülle und die Karkasse von einer Ente in kleine Stücke schneiden, salzen, pfeffern und über Nacht stehen lassen.

In einen ziemlich großen Kochtopf Wasser gießen und das *Bouquet garni* und die Fleischstücke einlegen. Auf kleiner Flamme drei Stunden bei häufigem Um-rühren kochen.

Herausnehmen und abtropfen lassen, das Fleisch in Töpfe oder Terrinen festdrücken und mit dem zerlassenen Schmalz übergießen.

Für 10 Personen.

KANINCHENPASTETE MIT GRÜNEM PFEFFER (PÂTÉ DE LAPIN AU POIVRE VERT)

Dies ist ein Gericht unserer Großmütter, das eine sorgfältige und lange Zubereitungszeit erfordert. Aber was für ein Genuß, dank dem Portwein und den Kräutern aus dem Gemüsegarten! Als Beilage können Kartoffeln genommen werden.

Zubereitungszeit : 1 Stunde (davon 20 Minuten für das Einlegen)
Garzeit : 2 Stunden

- *700 g Kaninchenfleisch ohne Knochen*
- *400 g Geflügelleber*
- *500 g Fleischbrät*
- *10 cl roter Portwein*
- *1 Ei*

- *2 Zwiebeln*
- *1 Bund Kerbel*
- *50 g eingelegter grüner Pfeffer*
- *1 Teelöffel zerriebener Thymian*
- *1/2 Lorbeerblatt*
- *Salz, Pfeffer*

Die Geflügelleber in dicke Stücke schneiden und für 20 Minuten in Portwein einlegen.

Das Kaninchenfleisch in kleine Stücke schneiden und mit dem Fleischbrät vermischen. Das Ei hinzufügen, salzen, pfeffern und leicht vermengen.

Die Zwiebeln und den Kerbel hacken und zusammen mit dem Thymian, dem zerstoßenen Lorbeerblatt, dem abgetropften grünen Pfeffer und der Hälfte des vom Einlegen der Geflügelleber ver-

bliebenen roten Portweins zur Füllung geben. Gut mischen.

Eine tiefe, glasierte Tonform mit der Masse auskleiden, in die Mitte die abgetropfte Geflügelleber plazieren und sie mit der Farce rundum abdecken.

Die Schüssel gut schließen und im Wasserbad, Thermostat 6/7 (180°C), 2 Stunden garen.

Für 6 bis 8 Personen.

OMELETT MIT STEINPILZEN (OMELETTE AUX CEPES)

Das traditionelle Omelett bleibt ein rustikales Gericht unserer Großmütter. Steinpilze machen aus ihm eine feine Speise.

Zubereitungszeit : 15 Minuten
Garzeit : 5 bis 10 Minuten

- *4 Eier*
- *20 g Butter*
- *80 g de Steinpilze*
- *20 g Entenschmalz*

- *Knoblauch*
- *Petersilie*
- *Salz*
- *Pfeffer*

Die Steinpilze in dünne Scheiben schneiden und im Entenschmalz braten, dann Salz, Pfeffer, fein gehackten Knoblauch und Petersilie hinzugeben.

Die Eier mit der Gabel schlagen und würzen.

In einer Pfanne die Butter erhitzen und die Eier hineingießen. Das Omelett ganz nach Geschmack braten.

Vor dem Übereinanderschlagen die Steinpilze hineingeben.

Das Omelett auf einen heißen Teller gleiten lassen. Dazu paßt ein mit Walnußöl angemachter Salat.

Für 2 Personen.

OMELETT MIT TRÜFFELN
(OMELETTE AUX TRUFFES)

Wir empfehlen, die Eier und Trüffeln zusammen in einem hermetisch geschlossenen Behälter 24 Stunden lang aufzubewahren, damit die Eier den starken Duft der Trüffeln aufnehmen können.

Zubereitungszeit : 5 Minuten
Garzeit : 5 Minuten

- *8 Eier*
- *1 schöne Trüffel*
- *20 g Butter*

- *1 cl Olivenöl*
- *Salz*
- *Pfeffer*

Die Trüffel in feine Scheiben schneiden und langsam in der Butter und dem Olivenöl schmoren.

Die Eier schlagen und würzen, das Omelett in Butter braten.

Vor dem Zusammenfalten die geschmorten Trüffeln hineingeben.

Das Omelett auf heißen Tellern anrichten und mit einem Trüffelblättchen dekorieren.

Für 4 Personen.

RÜHREI MIT TRÜFFELN
(BROUILLADE AUX TRUFFES)

Dies ist eine andere Art, Eier und Trüffeln zu vereinen, die sich trotz derselben Zutaten vom Omelett mit Trüffeln unterscheidet.

Zubereitungszeit : 5 Minuten
Garzeit : 10 Minuten

- *8 Eier*
- *80 g Trüffeln*
- *20 g Butter*

- *1 cl Olivenöl*
- *Salz*
- *Pfeffer*

Die Trüffeln hacken und in Olivenöl und Butter schmoren.

Die Eier schlagen, die Trüffeln hinzufügen und würzen.

Eine Kupferpfanne mit Butter ausfetten, die Zubereitung hineingießen und unter Umrühren im Wasserbad stocken lassen, bis das Rührei weich und cremig wird.

Für 4 Personen.

KÜRBISSUPPE MIT BOHNEN
(SOUPE À LA CITROUILLE ET AUX HARICOTS)

Eine ländliche Suppe, die man besonders im Winter wegen ihres Gschmacks und ihrer Farbe zubereitet. Man kann ihr auch Sahne zufügen.

Zubereitungszeit : 10 Minuten
Garzeit : 2 Stunden

- *500 g Kürbis*
- *500 g weiße Bohnen*
- *150 g leicht gesalzener Speck*
- *Petersilie*
- *Salz*
- *Pfeffer*

Drei Liter Wasser zum Kochen bringen und die Bohnen hinein schütten. Wenn das Wasser wieder zu kochen beginnt, den in große Stücke geschnittenen Kürbis, dünne Speckscheiben, Knoblauch und gehackte Petersilie hinzufügen.

Leicht salzen und pfeffern.

Langsam 1 Stunde 45 Minuten auf kleiner Flamme kochen. Nachwürzen und servieren oder vorher noch mit dem Mixer pürieren.

Für 4 Personen.

CHAMPIGNONCREME
(CREME DE CHAMPIGNONS)

Diese Cremesuppe kann man aus Champignons zubereiten, man kann aber auch mit Morcheln, Pfifferlingen oder Austernpilzen variieren.

Zubereitungszeit : 10 Minuten
Garzeit : 1 Stunde

- *250 g Champignons*
- *250 g Steinpilze*
- *80 cl Hühnerbrühe*
- *50 g Schalotten*
- *5 cl trockener Weißwein*
- *50 cl flüssige frische Sahne*
- *Saft einer Zitrone*
- *100 g Butter*

Die Pilze putzen, waschen und fein hacken. Die Schalotten zerkleinern und in etwas Butter anschmoren. Mit dem trockenen Weißwein ablöschen. Die Champignons hinzugeben und 10 Minuten schmoren. Hühnerbrühe angießen und 45 Minuten auf kleiner Flamme simmern lassen. 5 Minuten lang pürieren.

Sahne und frische Butter einrühren und einige Sekunden schlagen.

Vor dem Servieren mit dem Zitronensaft abschmecken.

Für 5 Personen.

SUPPE AUS DER ENTENKARKASSE (SOUPE DE CARCASSES DE CANARD)

Dieses Rezept unserer Großmütter erlaubt die maximale Nutzung der Ente. Man verwendet das am Knochen hängengebliebene Fleisch, das ausgekocht eine ausgezeichnete Fleischbrühe ergibt. Zum Abschluß paßt ein guter *chabrol* (einige Eßlöffel Rotwein in den Teller geben).

Zubereitungszeit : 15 Minuten
Garzeit : 3 Stunden

- *1 Entenkarkasse*
- *2 Stangen Lauch*
- *4 Karotten*
- *1 Zwiebel*
- *1 Stengel Sellerie*

- *6 Kartoffeln*
- *1 Bouquet garni*
- *Salz*
- *Pfeffer*

In einen halb mit Wasser gefüllten Kochtopf die Karkasse, das Gemüse (Lauch, Karotten, Sellerie, Zwiebel) und das *Bouquet garni* einlegen und zweieinhalb Stunden kochen.

Kartoffeln dazugeben, salzen, pfeffern und nochmals 30 Minuten kochen.

Man ißt nur die durch ein feines Sieb passierte Bouillon oder man püriert sie mit dem Gemüse.

Für 4 Personen.

WEISSE SUPPE
(TOURAIN BLANCHI)

Diese Suppe wird auf dem Land bei Taufe, Hochzeit und als Vorspeise oder den Frischvermählten am frühen Morgen serviert. Im voraus zubereitet und unter der Daunendecke aufbewahrt wird sie immer besser.

Zubereitungszeit : 10 Minuten
Garzeit : 45 Minuten

- *2 dicke Zwiebeln*
- *4 Knoblauchzehen*
- *1 Löffel Entenschmalz*
- *1 Löffel Mehl*
- *2 Eier*

- *1/2 Löffel Essig*
- *Salz*
- *Cayennepfeffer*
- *altbackenes Brot*

Knoblauch und Zwiebeln in dünne Scheiben schneiden und im Schmalz anschwitzen. Mit Mehl bestreuen und auf kleiner Flamme etwas rösten.

Langsam 2 Liter kochendes Wasser dazugießen.

Salzen, etwas Cayennepfeffer dazugeben und 45 Minuten kochen. Vor dem Servieren etwas von der Brühe nehmen und mit 2 Eigelb und dem Essig verquirlen.

Das Eiweiß in den Kochtopf geben und kräftig durchschlagen.

Die Eigelbmischung hinzufügen und den *Tourain* in die Suppenschüssel auf das altbackene Brot gießen.

Für 4 Personen.

JAKOBSMUSCHELN MIT STEINPILZEN (COQUILLES SAINT-JACQUES AUX CEPES)

Die Mischung von Jakobsmuscheln und Steinpilzen stellt ein besonders feines Gericht dar.

Zubereitungszeit : 30 Minuten

Garzeit : 25 Minuten

- *10 schöne Jakobsmuscheln*
- *60 g grüne Bohnen*
- *80 g frische Steinpilze*
- *1 Knoblauchzehe*
- *Petersilie*
- *Salz*
- *Pfeffer*
- *100 g Butter*
- *2 cl trockener Weißwein*
- *10 g Schnittlauch*
- *10 g Entenschmalz*
- *Olivenöl*

Die grünen Bohnen putzen und waschen, dann in stark gesalzenem Wasser kochen. In Eiswasser abschrecken und abtropfen lassen. Knoblauch und Petersilie hacken und Schnittlauch zu Röllchen schneiden. Steinpilze grob zerkleinern und in einer Pfanne mit Entenschmalz goldbraun anbraten, abschmecken und gehackten Knoblauch und Petersilie dazugeben.

Für eine weiße Buttersauce den Weißwein um die Hälfte einkochen und mit dem Schneebesen nach und nach 90 g kalte Butter unter ständigem Rühren hineingeben, damit sie nicht vollständig schmilzt. Würzen, den Schnittlauch zufügen und abseits vom Feuer aufbewahren.

In einer Pfanne die Jakobsmuscheln in Olivenöl und 10 g Butter 2 Minuten von jeder Seite braten, vor dem Wenden würzen.

Um die Steinpilze herum in der Mitte des Tellers die vorher erhitzten grünen Bohnen anrichten. Die Jakobsmuscheln drauflegen.

Die Buttersauce getrennt dazu reichen.

Für 2 Personen.

SEEZUNGE MIT STEINPILZEN
(SOLE AUX CEPES)

Die Seezunge ist ein Fisch mit einem sehr angenehmen, weißen Fleisch, aber wenig Eigengeschmack. Zusammen mit Steinpilzen kommt dieser dagegen zur vollen Entfaltung.

Zubereitungszeit : 15 Minuten
Garzeit : 25 Minuten

- *4 Seezungen (200 bis 250 g)*
- *0 Steinpilze*
- *1 Knoblauchzehe*
- *glatte Petersilie*
- *Schnittlauch*
- *40 g Mehl*
- *Salz*
- *Pfeffer aus der Mühle*
- *80 g Butter*
- *10 cl Erdnußöl*

Knoblauch und Petersilie getrennt hacken. Den Schnittlauch in Röllchen schneiden.

Die Steinpilze grob zerkleinen und in einer Pfanne mit 5 cl Öl schmoren, würzen und zum Ende der Garzeit ein Stückchen Butter zufügen. Den Knoblauch dazu tun und noch einmal schnell heiß machen, dabei gut umrühren. Abseits vom Feuer die Petersilie einstreuen. Warmstellen.

Die Seezungen würzen und in Mehl wenden, in 40 g Butter und dem restlichen Öl 4 bis 5 Minuten je Seite braten, aus der Pfanne nehmen und einige Augenblicke ruhen lassen.

Die Mittelgräte entfernen: dazu die Seezungen flach aufschneiden, die untere Hälfte auf einen warmen Teller legen, die Filets der oberen Seite wieder zurücklegen und die Steinpilze zwischen ihnen anrichten.

Mit zerlassener Butter und den Schnittlauchröllchen übergießen.

Für 4 Personen.

GEBRATENER LACHS MIT ROTWEINSAUCE (SAUMON RÔTI AU VIN DE BERGERAC)

Dieses Rezept wurde ursprünglich mit Zander aus der Dordogne zubereitet, doch ist diese Fischart leider fast ganz aus den Flüssen verschwunden.

Zubereitungszeit : 1 Stunde 15 Minuten
Garzeit : 15 Minuten

- *4 Lachsscheiben (je 160 g)*
- *250 g Fischgräten*
- *30 g Karotten*
- *40 g Zwiebeln*
- *20 g Schalotten*
- *1 Bouquet garni*

- *1 Liter Rotwein aus Bergerac*
- *160 g Butter*
- *5 cl Erdnußöl*
- *grobes Salz*
- *Pfeffer aus der Mühle*

Die Gemüse putzen, waschen und fein schneiden. In 40 g Butter schmoren, dabei aber nicht Farbe annehmen lassen.

Die zerkleinerten Gräten (fragen Sie Ihren Fischhändler) zufügen und alles 5 Minuten dünsten. Den Rotwein angießen und das *Bouquet garni* zufügen. Zum Kochen bringen, den Schaum abschöpfen und noch 20 Minuten köcheln lassen. Durch ein Sieb geben und beiseitestellen.

Die Lachsscheiben mit Salz und Pfeffer aus der Mühle würzen und in einer Pfanne in Öl und 50 g Butter kräftig anbraten, dann wenden und vorsichtig die zweite Seite braten.

Den Rotweinauszug (Fischfond) warm machen, abschmecken und die restliche Butter unterziehen. Die Sauce als Spiegel in die Teller gießen und die Lachsschnitzel darauf anrichten. Dazu passen grüne Gemüse (Brokkoli, grüne Erbsen, grüne Bohnen) oder Nudeln.

Für 4 Personen.

ENTENBRUST MIT PISTOU (CARPACCIO DE CANARD AU PISTOU)

Carpaccio ist ein Gericht aus rohem, sehr fein geschnittenem Fleisch. Aus Entenbrust ergibt sich eine sehr geschmackvolle und erfrischende Mahlzeit.

Im voraus : 10 Minuten
Zubereitungszeit : 30 Minuten

- *1 Entenbrust von 450 g*
- *5 cl Olivenöl*
- *50 g Basilikum*
- *10 g Walnüsse*
- *10 g Haselnüsse*
- *10 g Pinienkerne*
- *1 Gemisch aus verschiedenen Salatsorten, auch Wildsalaten*
- *1 cl Balsamessig*
- *Salz, Pfeffer*

Für den *Pistou*, die Gewürzpaste, den Basilikum, die Wal- und Haselnüsse und die Pinienkerne im Mörser zerstoßen. Salz, Pfeffer und in dünnem Strahl das Olivenöl unterrühren, um eine ziemlich dicke Paste zu erhalten.

Die rohe Entenbrust für 10 Minuten ins Gefrierfach legen und anfrieren lassen, dann mit der Aufschnittmaschine oder dem elektrischen Messer in sehr feine Scheiben schneiden.

Mit einem Pinsel etwas *Pistou* auf vier Teller streichen. Weitflächig die Entenbrustscheiben darauf verteilen, salzen, pfeffern und ganz wenig *Pistou* daraufgeben.

Mit einer zweiten Schicht Entenbrust genauso verfahren.

Den Salat mit einer Vinaigrette aus Balsamessig und Olivenöl anrichten und ein kleines Häufchen davon in die Mitte des Tellers setzen. Mit einem Basilikumblatt garnieren.

Für 4 Personen.

EINGEMACHTE ENTE
(CONFIT DE CANARD)

Um Eingemachtes, das anschließend in Dosen oder Gläsern aufbewahrt werden soll, zuzubereiten, muß man auf dieselbe Art wie in diesem Rezept verfahren, doch verkürzt man die Garzeit um 30 Minuten. Nach dem Abfüllen und Schließen der Dosen und Gläser 2 Stunden sterilisieren.

Zubereitungszeit : 1 Stunde
Ruhezeit : 24 Stunden
Garzeit : 3 Stunden 30 Minuten

- *1 Ente*
- *grobes Salz*
- *1 Glas Wasser*

Die Ente in vier Stücke teilen (2 Keulen und 2 Brusthälften).

Die Karkasse (das Gerippe) und das Fett in kleine Stücke schneiden. Das Fett aufbewahren.

Das Fleisch mit grobem Salz bedecken und 24 Stunden ruhen lassen.

In einem großen Topf das Fett mit 1 Glas Wasser 2 Stunden lang kochen und die abgespülten Entenstücke hineingeben. Auf kleinem Feuer 1 1/2 Stunden kochen, dabei öfters vorsichtig umrühren.

Die Fleischstücke herausnehmen und in einen Tontopf geben. Mit dem sehr heißen Entenfett, das man dabei durch ein feines Sieb laufen läßt, auffüllen.

Kalt werden lassen, abdecken und an einem kühlen und dunklen Ort aufbewahren. Mindestens zwei Monate vor dem Verzehr stehenlassen.

Für 6 Personen.

◆

ENTENBRUST MIT HONIG UND HIMBEERESSIG
(MAGRET DE CANARD AU MIEL ET VINAIGRE DE FRAMBOISES)

Dieses äußerst einfache Rezept bietet einen sehr begehrten kulinarischen Genuß. Man kann dieses Fleischgericht auch mit gedünsteten oder gekochten Kartoffeln servieren.

Zubereitungs- und Garzeit : 30 Minuten

- *1 Entenbrust von 450 bis 500 g*
- *2 cl Akazienhonig*
- *3 cl Himbeeressig*
- *4 cl Enten- oder Hühnerfond*
- *2 Stengel Kerbel*
- *Salz*
- *Pfeffer*

Die Haut auf der Entenbrust leicht einschneiden und beide Seiten würzen.

In einer heißen Pfanne die Brust, auf der Hautseite beginnend, auf kleiner Flamme 5 bis 7 Minuten auf jeder Seite garen, dann vom Feuer nehmen und beiseite stellen.

In einen Topf den Honig und Himbeeressig geben und 5 Minuten kochen.

Den Entenfond zufügen und noch 8 bis 10 Minuten köcheln.

Die Entenbrust in feine Streifen schneiden und in Form einer Rosette in der Mitte der heißen Teller anrichten.

Mit etwas Sauce übergießen und mit einem Kerbelstengel garnieren.

Für 2 Personen.

GETROCKNETE ENTENBRUST (MAGRET DE CANARD SÉCHÉ)

Früher trocknete man die Entenbrust an der Luft oder auf einem „Schinkenboden". Ein Speiseschrank ist hierfür allerdings ideal.

Zubereitungszeit : 10 Minuten
Im voraus : 17 bis 13 Tage

- *1 große Entenbrust*
- *grobes Salz*
- *schwarzer Pfeffer aus der Mühle*
- *zerstoßener schwarzer Pfeffer*

Die Entenbrust für 20 Stunden in grobes Salz legen und darauf achten, daß sie vollständig bedeckt ist.

Die Entenbrust abspülen, um überflüssiges Salz zu entfernen, und mit einem Küchentuch trocken tupfen.

In gemahlenem und zerstoßenem schwarzem Pfeffer rollen.

Die so gepfefferte Entenbrust auf eine Platte legen und im Kühlschrank zwei bis drei Wochen trocknen.

Vor dem Servieren die Brust sorgfältig abbürsten, um so viel Pfeffer wie möglich zu entfernen. In feine Scheiben schneiden.

Für 2 Personen.

GEFÜLLTER GÄNSEHALS
(COU D'OIE FARCI)

Man kann die Gans auf unterschiedliche Arten zubereiten. Fast alle ihre Teile eignen sich zum Verzehr: die Leber selbstverständlich, Magen, Flügel und Keulen sowie der Hals.

Zubereitungszeit : 45 Minuten
Garzeit : 1 Stunde 30 Minuten
Sterilisieren : 1 Stunde

- *1 Gänsehals*
- *150 g Fleischbrät*
- *100 g Stopfleber*
- *150 g Gänsefleisch*
- *20 g Trüffelstückchen*
- *Gewürzmischung*
- *Salz, Pfeffer*
- *Muskat*
- *1 kg Gänseschmalz*
- *1 Glas Armagnac*

Alle Knochen vom Hals entfernen und nur die Haut kühl aufbewahren.

Das Fleischbrät mit dem gewürfelten Gänsefleisch vermengen und würzen. Die gewürfelte Stopfleber, Trüffeln und Armagnac vorsichtig zufügen.

Ein Ende des Halses mit Hilfe eines Bindfadens und einer Spicknadel zuschnüren.

Die Halshaut mit dem Fleisch füllen und das andere Ende schließen.

Im siedenden Fett etwa 1 Stunde kochen.

In ein rundes Gefäß legen, etwas Schmalz zufügen und 1 Stunde sterilisieren.

Für 4 Personen.

SCHMORFLEISCH IN ROTWEIN (DAUBE AU VIN ROUGE DE BERGERAC)

Es handelt sich hier um ein typisches Gericht aus dem Périgord, das man mit Salzkartoffeln oder Nudeln reichen kann.

Zubereitungszeit : 30 Minuten
Garzeit : 5 Stunden

- *1,5 kg Hinterviertel vom Rind*
- *1/2 Liter Rotwein aus Bergerac*
- *1 kg Karotten*
- *3 Schalotten*
- *5 Knoblauchzehen*
- *Petersilie*
- *1 Bouquet garni*
- *2 Markknochen*
- *1/2 Liter Boullion oder Wasser*
- *2 Eßlöffel Mehl*
- *Salz*
- *Pfeffer*

Das Fleisch wie im Rezept „Schmorfleisch in Weißwein" vorbereiten.

Aufkochen und das Mehl einrühren. Die Marinade, die Bouillon und die Knochen zufügen und zudecken. Langsam 5 Stunden kochen.

Entfetten, die Knochen und das *Bouquet garni* entfernen.

Das Fleisch heiß servieren.

Für 6 bis 8 Personen.

SCHWEINEFLEISCH IM GLAS (ENCHAUD)

Zum Essen schneiden Sie den *enchaud* in feine Scheiben und servieren Sie ihn mit einem Salat, angemacht mit Walnußöl. Man kann ihn kalt oder in der Pfanne aufgewärmt anbieten.

Zubereitungszeit : 15 Minuten
Garzeit : 20 Minuten
Sterilisieren : 2 Stunden 30 Minuten bis 3 Stunden

- *1 Stück Schweinefleisch von 1,5 kg (vorzugsweise dicke Rippe)*
- *Schwarten*
- *grobes Salz*
- *Pfeffer*

Das Fleisch mit grobem Salz großzügig salzen und dann pfeffern.

Am Tag darauf eventuell mit den Schwarten umgeben, trocken tupfen und in einem Topf bräunen.

Vom Feuer nehmen, lauwarm werden lassen, in Gläser oder Dosen füllen und gut festdrücken. Verschließen.

2 1/2 bis 3 Stunden sterilisieren.
Für 6 bis 8 Personen.

GEFÜLLTER KOHLKOPF
(CHOU FARCI)

Dies ist eine Mahlzeit, die man in vielen französischen Regionen finden kann. Der einzige Unterschied liegt in der Zusammenstellung der Füllung.

Zubereitungszeit : 1 Stunde
Garzeit : 3 Stunden

- 1 schöner Kopfkohl
- 250 g Fleischbrät
- 250 g Kalbfleisch
- 250 g fetter Speck
- 2 Eier
- 100 g altbackenes Brot
- 1 Zwiebel
- 3 Schalotten
- 3 Knoblauchzehen
- Petersilie
- Kräuterbündel
- Salz, Pfeffer
- 3 Karotten
- 2 Zwiebeln
- 1 Bouquet garni
- 1 Liter Hühnerbrühe

Alle Blätter vom Kohlstrunk abtrennen. 10 Minuten in kochendem Salzwasser blanchieren und abtropfen.

Die Füllung zubereiten: Kalbfleisch, Speck, Zwiebel, Schalotten, Knoblauch, Petersilie und Kräuter hacken. Das Fleisch gut mit dem in etwas Brühe eingeweichten und ausgedrückten Brot vermischen. Eier zugeben, salzen und pfeffern.

Eine große Salatschüssel mit einem Baumwollnetz auslegen, das durch ein Gummiband festgehalten wird. Darauf lagenweise Kohlblätter und Füllung abwechselnd einschichten.

Das Netz lösen, zuziehen und mit Hilfe eines Bindfadens festbinden. Über Nacht ruhen lassen.

Am nächsten Morgen den Kohl zusammen mit den Zwiebeln, den in Scheiben geschnittenen Karotten und dem *Bouquet garni* in einen Topf setzen. Mit der Brühe übergießen und langsam 3 Stunden kochen.

Für 6 Personen.

HÄHNCHEN MIT BRATKARTOFFELN
(POULET AUX POMMES DE TERRE SARLADAISES)

Dies ist eine traditionelle Mahlzeit aus dem Périgord, ein Sonntagsessen der Familien. Man kann die Bratkartoffeln auch mit gebratenen Steinpilzen an Stelle von Knoblauch und Petersilie anreichern.

Zubereitungszeit : 25 Minuten
Garzeit: 1 Stunde

- 1 Hähnchen vom Bauernhof von 1,6 kg
- 100 g Entenschmalz
- 400 g Kartoffeln
- Knoblauch
- Petersilie
- Salz
- Pfeffer

Den Ofen vorheizen, Thermostat 6/7 (200°C).

Das Hähnchen mit dem Entenschmalz einstreichen und sowohl im Inneren als auch draußen würzen.

Mit etwas Entenschmalz auf lebhaftem Feuer anbraten. Auf allen Seiten, angefangen bei den Keulen, goldbraun werden lassen.

In den Ofen schieben und alle 15 Minuten drehen.

Kartoffeln schälen und in 3 mm dicke Scheiben schneiden. Gut waschen und in einem Tuch abtrocknen.

In einer Pfanne Entenschmalz heiß machen. Die Kartoffeln bei mäßiger Temperatur und unter ständigem Wenden braten.

Zwischendurch würzen.
Zum Schluß unter weiterem Rühren Knoblauch und Petersilie zugeben.

Sofort servieren.

Für 4 Personen.

SEMMELKLOSS
(MIQUE AU PAIN)

Ein sehr altes Rezept. Einst ersetzte der Semmelkloß das Brot bei einer Mahlzeit, und, wenn etwas übrigblieb, wurde er mit etwas Entenschmalz in einer Pfanne am nächsten Tag wieder aufgewärmt. Die Rezepte für Semmelklösse variieren je nach Familie und Großmutter.

Zubereitungszeit : 20 Minuten
Garzeit : 40 Minuten

- *150 g altbackenes Brot*
- *100 g frischer Speck*
- *1 Knoblauchzehe*
- *3 Eier*
- *1/2 Teelöffel Salz*
- *Mehl*
- *Fleischbrühe*

In eine Schüssel Brot, Speckwürfel, zerdrückten Knoblauch, Eier und Salz geben.

Gut vermischen, nach und nach etwas Wasser zugießen, bis eine feste Kugel entsteht. Mit Mehl bestäuben und vom Schüsselrand lösen.

In der Brühe 40 Minuten gar ziehen lassen.

Abtropfen und warm aufbewahren.

Den Semmelkloß in Scheiben aufschneiden. Man kann ihn gut mit Suppenfleisch oder Suppenhuhn essen.

Für 4 Personen.

GEFÜLLTE STEINPILZE
(CEPES FARCIS)

Der Steinpilz, der „Hutpilz aus dem Périgord", ist schon an sich eine Delikatesse. Aber ihm noch mehr Geschmack zu geben und zu einem Festessen mit Fleisch zu servieren, ist ein wahrer Schmaus.

Zubereitungszeit : 45 Minuten
Garzeit : 20 Minuten

- *1 kg große Steinpilze*
- *20 Sellerieblätter*
- *200 g Brotkrumen*
- *150 g Milch*
- *200 g Crème fraîche*
- *3 Eier*
- *10 g gehackte Petersilie*

- *10 Knoblauchzehen*
- *50 g roher Schinken*
- *100 g gekochter Schinken*
- *3 Basilikumblätter*
- *25 cl Olivenöl*
- *Salz, Pfeffer*

Steinpilze putzen. Die Köpfe von den Stielen abdrehen und die Köpfe rundum in 20 cl heißem Olivenöl anbraten. Vom Feuer nehmen und auf Küchenpapier abtropfen.

Die Füllung zubereiten: Die in Milch eingeweichten und ausgedrückten Brotkrumen, 150 g *Crème fraîche*, Eier, Petersilie, gehackten Knoblauch, klein geschnittenen rohen und gekochten Schinken vermischen und würzen.

Die Köpfe der Pilze füllen. 20 Minuten im vorgewärmten Ofen, Thermostat 5/6 (180°C), backen. Die Pilzstiele in dicke Scheiben schneiden und in 5 cl heißem Öl schmoren. Die Sellerieblätter zugeben.

Restliche *Crème fraîche* warm machen. Die gehackten Basilikumblätter zufügen. Über die Pilzköpfe gießen und mit den geschmorten Pilzstielen servieren.

Für 8 Personen.

RAVIOLI MIT STEINPILZEN UND TRÜFFELSAUCE (RAVIOLES DE CEPES, SAUCE PÉRIGUEUX)

Rezepte für Raviolis gibt es viele. Sie können sowohl mit Hummer oder Garnelen als auch mit Fleisch gefüllt werden. Der Erfolg dieser Mahlzeit hängt vom Geschmack der Füllung, aber auch von der Sauce ab.

Zubereitungs- und Garzeit : 40 Minuten

- *250 g frische Steinpilze*
- *4 Eßlöffel Entenschmalz*
- *2 Knoblauchzehen*
- *100 g Nudelteig*
- *4 Eier*

- *20 cl Cognac oder Armagnac*
- *20 cl roter Portwein*
- *80 cl Hühnerfond*
- *50 g Trüffeln (je nach Geschmack)*
- *Petersilie, Salz, Pfeffer*

Steinpilze putzen, in kleine Stücke schneiden und in einer Pfanne mit etwas Entenschmalz anbraten, bis sie eine gelbe Farbe annehmen. Würzen und zerdrückten Knoblauch und gehackte Petersilie zufügen. Gut vermengen und kühl stellen.

Den Ravioliteig dünn ausrollen und in 24 Quadrate von 10 cm Seitenlänge schneiden. Die Eier verquirlen und leicht salzen. In die Mitte von 12 Quadraten die gehackten Steinpilze geben und sie mit den übrigen 12 Quadraten zudecken. Die Ränder fest andrücken. Mit den geschlagenen Eiern bestreichen und kühl aufbewahren.

Die Hälfte des Portweins und Cognacs in einen Topf geben. Den Hühnerfond zufügen und zwischen 5 und 10 Minuten kochen. Die gehackten Trüffeln und ihren Saft, wenn vorhanden, zufügen. Würzen und noch 5 Minuten kochen.

Die Ravioli in Salzwasser 5 bis 6 Minuten garen. Abtropfen und auf einem heißen Teller anrichten. Mit der Trüffelsauce überziehen.

Für 4 Personen.

GESCHMORTE STEINPILZE
(POELÉE DE CEPES)

Hier ein Rezept, das schnell zuzubereiten ist und gut zu Fleisch und Fisch paßt.

Zubereitungs- und Garzeit : 25 Minuten

- *150 g frische und feste Steinpilze*
- *20 g Entenschmalz*
- *Knoblauch*
- *Petersilie*
- *Salz*
- *Pfeffer*

Knoblauch und Petersilie hacken.

Die Steinpilze in dünne Scheiben schneiden und im Entenschmalz anbraten. Langsam goldbraun werden lassen, das ist die Garantie für den Erfolg.

Salzen und pfeffern, während der Garzeit Knoblauch und dann Petersilie zufügen.

Sofort servieren.

Für 2 Personen.

BLÄTTERTEIG MIT TRÜFFELN (FEUILLETÉ AUX TRUFFES)

Die Trüffeln entfalten ihren ganzen Duft im Blätterteig. Das ist immer ein großer Moment beim Genießen dieses Gerichts.

Zubereitungszeit : 10 Minuten
Garzeit : 30 Minuten

- *1 Trüffel von etwa 15 g*
- *80 g rosa gegarte Stopfleber*
- *2 Scheiben Landschinken oder getrocknete Entenbrust*

- *2 Eier*
- *Blätterteig*
- *6 cl Trüffelsauce (Rezept Seite 69)*

Den Blätterteig dünn ausrollen und vier Quadrate von 10 cm Seitenlänge schneiden.

Die Stopfleber auf zwei Teigquadrate verteilen. Die halbierten Trüffeln mit Landschinken oder getrockneter Entenbrust umwickeln und auf die Stopfleber legen.

Mit dem anderen Teigquadrat zu-decken, die Ränder fest andrücken und den Blätterteig mit verquirlten Ei einpinseln.

Im vorgeheizten Ofen 20 bis 30 Minuten backen, Thermostat 5/6 (180°C).

Mit Trüffelsauce auf einem heißen Teller anrichten.

Für 2 Personen.

GEFÜLLTE KARTOFFELN IM TOPF
(POMMES DE TERRE FARCIES EN COCOTTE)

Ein einfaches und sehr schmackhaftes Gericht. Man kann es mit einem grünen Salat genießen.

Zubereitungszeit : 20 Minuten
Garzeit : 1 Stunde 30 Minuten

- 6 schöne, große Kartoffeln
- 100 g geräucherter Speck
- 50 g Gänseschmalz
- 300 g Fleischbrät
- 1 Knoblauchzehe
- 2 Schalotten
- Petersilie
- frische Kräuter
- Salz
- Pfeffer

Die Kartoffeln schälen, einen Deckel abschneiden und für die Füllung aushöhlen. Salzen und pfeffern.

Das Fleischbrät mit dem gehackten Knoblauch, Schalotten, Petersilie und Kräutern vermengen und damit die Kartoffeln füllen.

Das Gänseschmalz in einem Topf zerlassen und den in Würfel geschnittenen Speck anbraten. Die Kartoffeln hineinsetzen und auf kleiner Flamme 1 Stunde 30 Minuten schmoren. Sehr heiß servieren.

Für 6 Personen.

WALNUSSKUCHEN
(GÂTEAU MOELLEUX AUX NOIX)

Walnüsse werden im Oktober geerntet und müssen mehrere Wochen trocknen, bevor sie gegessen werden. Den ganzen Winter über erlauben sie die Zubereitung dieses köstlichen Kuchens. Er kann als Dessert, aber auch zum Nachmittagstee gereicht werden.

Zubereitungszeit : 20 Minuten
Garzeit : 40 Minuten

- *85 g Zucker*
- *3 Eigelb*
- *15 Eiweiß*
- *85 g Butter*

- *50 g Mehl*
- *150 g gehackte Walnüße*
- *50 g bittere Schokolade*
- *20 g flüssige Sahne*

Die Eigelb mit dem Zucker und der zerlassenen Butter schaumig schlagen und das Mehl und die gehackten Walnußkerne zufügen. Dann das Eiweiß zu sehr festem Schnee schlagen und unterheben.

Eine gebutterte und mit Mehl ausgestreute Tortenform füllen.

Im vorgeheizten Ofen, Thermostat 5/6 (170°C), 40 Minuten backen.

Die Sahne aufkochen, Schokolade zugeben und schmelzen. Noch warm den erkalteten Kuchen damit überziehen.

3 Stunden stehen lassen.

Für 8 Personen.

BACKPFLAUMENKOMPOTT MIT ROTWEIN (PRUNEAUX AU VIN DE BERGERAC)

Die Pflaumen werden im Ofen oder an der Sonne getrocknet.

Zubereitungszeit : 15 Minuten
Garzeit : 15 Minuten

- *1,5 kg entkernte Pflaumen*
- *1 Flasche Rotwein aus Bergerac*
- *1 Liter passierte Himbeeren*
- *200 g Johannisbeermark*

- *250 g Zucker*
- *10 cm Zimtstange*
- *2 Orangen*
- *2 Zitronen*

Rotwein, Johannisbeermark, Himbeermark, Zimt und Zucker vermischen und zum Kochen bringen. Die Pflaumen zufügen und, wenn nötig, abschäumen. Zuletzt Orangen- und Zitronenspälten zufügen.

5 Minuten köcheln und dann abkühlen.

Das Pflaumenkompott in Schalen mit etwas Saft servieren. Man kann es auch mit einer Vanilleeiskugel reichen.

Dieses Dessert kann man mehrere Tage im Kühlschrank aufbewahren.

Für 10 Personen.

MARONENKUCHEN „VIER VIERTEL" (QUATRE-QUARTS PÉRIGOURDIN)

Hier eine etwas raffiniertere Art des klassischen Maronenkuchens. Sie ist allerdings ebenfalls einfach zuzubereiten.

Zubereitungszeit : 10 Minuten
Ruhezeit : 15 Minuten
Garzeit : 45 Minuten

- *250 g Puderzucker*
- *250 g weiche Butter*
- *250 g Mehl*
- *5 g Backpulver*

- *5 Eier*
- *60 g gehackte Walnüsse*
- *100 g zerbröckelte weichgekochte Maronen*

In einer Schüssel Mehl, Backpulver und Zucker vermengen. In die Mitte die Butter, die Eier, die Walnüsse und die Kastanien geben. Alles gut vermischen.

Eine Königskuchenform ausbuttern und mit Mehl bestreuen. Halbhoch mit dem Teig füllen. Eine Viertelstunde ruhen lassen.

Den Ofen vorwärmen, Thermostat 2 (60°C). Den „Vier Viertel" in den Ofen schieben und eine Viertelstunde backen. Die Temperatur dann erhöhen, Thermostat 4 (120°C). Eine weitere Viertelstunde backen. Die Temperatur noch einmal erhöhen, Thermostat 6 (180°C), für die letzte Viertelstunde. Lauwarm oder kalt servieren.

Für 6 Personen.

FRUCHTSALAT AUS DEM DORDOGNE-TAL
(SALADE DE FRUITS DE LA VALLÉE DE LA DORDOGNE)

Dieser Fruchtsalat ist einfach nachzumachen, sehr angenehm und erfrischend, besonders im Sommer.

Zubereitungszeit : 15 Minuten
Im voraus : 2 Stunden

- *500 g reife und knackige süße Pflaumen*
- *2 Äpfel*
- *2 Birnen*
- *250 g Zucker*

- *1/2 Liter Wasser*
- *1 Päckchen Vanillezucker*
- *1 Eßlöffel Pflaumen (oder Birnen-) schnaps*

Die Pflaumen waschen und entsteinen.

Die Birnen und Äpfel schälen, das Kerngehäuse entfernen und in dünne Spälten schneiden.

Die Früchte in eine Schale legen.

Wasser, Zucker und Vanillezucker aufkochen, Pflaumenschnaps hinzufügen und kochend über die Früchte gießen.

Erkalten lassen und in den Kühlschrank stellen.

Dieses Dessert schmeckt durchgekühlt am besten. Es kann sich 48 Stunden halten.

Für 6 Personen.

ERDBEERAUFLAUF
(GRATIN DE FRAISES)

Diesen Auflauf kann man sowohl mit Himbeeren und anderen roten Früchten als auch, im Winter, mit Orangen, Ananas, Bananen, Äpfeln, Birnen oder Pfirsichen zubereiten.

Zubereitungszeit : 15 Minuten
Garzeit : 1 Minute

- *400 g Erdbeeren*
- *3 Eigelb*
- *50 g Zucker*
- *10 cl Orangensaft*

Die Erdbeeren waschen, die Blätter entfernen und auf Küchenpapier abtropfen. Durchschneiden.

Die Eigelb in eine Schüssel geben. Zucker und Orangensaft zufügen. Das Ganze mit einem elektrischen Schläger im Wasserbad so lange schaumig schlagen, bis sich das Volumen vervierfacht hat. Die

Himbeeren auf vier tiefe Teller verteilen. Den Eierschaum darüber geben und eine Minute unter den heißen Grill stellen. Gut überwachen!

Sofort servieren.

Für 4 Personen.

EISSOUFFLÉ MIT ERDBEEREN
(SOUFFLÉ GLACÉ AUX FRAISES)

Der Vorteil dieses Rezeptes besteht darin, daß es mehrere Tage vorher vorbereitet werden kann. Es unterscheidet sich ein wenig von der klassischen Eiszubereitung.

Zubereitungszeit : 20 Minuten
Im voraus : 24 Stunden

- *400 g Erdbeeren*
- *430 g Puderzucker*
- *50 cl flüssige Crème fraîche*
- *2 Eiweiß*
- *Salz*
- *4 große Erdbeerem*
- *einige Minzblätter*
- *Erdbeerpüree*

Die Erdbeeren waschen und auf einem Küchentuch abtropfen, dann mit Hilfe eines Mixers pürieren. 400 g Puderzucker zufügen.

Die *Crème fraîche* aufschlagen und unter das Erdbeerpüree ziehen.

Das Eiweiß mit einer Prise Salz zu Schnee schlagen. Zwischendurch 30 g Puderzucker zugeben und weiter schlagen. Der Erdbeersahne gleich unterheben.

Vier kleine Auflaufformen mit Butterbrotpapier auslegen und 6 cm über den Formrand hinausragen lassen. Mit einem Gummiband fixieren.

Die Zubereitung in die Formen geben und bis zum nächsten Tag in der Tiefkühltruhe aufbewahren.

Zum Servieren das Papier entfernen und das Soufflé in dünne Scheiben schneiden. Mit einigen Minzeblättern, Erdberpüree und ganzen Erdbeeren garnieren.

Für 4 Personen.

◆

KUCHEN MIT FEIGEN UND ERDBEEREN (TARTE AUX FIGUES ET AUX FRAISES)

Bei diesem Rezept kann man den Mürbeteig durch Blätterteig ersetzen und auch mit Erdbeerpüree servieren.

Zubereitungszeit : 30 Minuten
Im voraus : 1 Stunde
Garzeit : 10 Minuten

- *250 g Mehl*
- *75 g feiner Zucker*
- *100 g Butter*
- *400 g frische, feste violette Feigen*

- *150 g Kristallzucker*
- *5 g Kardamom*
- *2 g Zimt*
- *1 Ei*

Den Mürbeteig zubereiten: Mehl und Zucker vermengen. Die Butter zufügen und alles mit dem Ei vermischen. Den Teig zu einer Kugel verkneten und eine Stunde ruhen lassen.

Ausrollen, einen Rand formen und den Boden mehrmals mit einer Gabel einstechen. 10 Minuten im heißen Ofen, Thermostat 7 (210°C), backen. Abkühlen lassen.

Die Feigen schälen, um an das

Fleisch zu kommen.

Mit der Gabel das Fruchtfleisch zerdrücken und mit Zimt, Kardamom und Kristallzucker abschmecken.

Auf dem vorgebackenen Tortenboden verteilen und noch fünf Minuten im heißen Herd backen.

Für 6 Personen.

ERDBEERKUCHEN
(TARTE AUX FRAISES)

Dieser traditionelle Kuchen wird exzellent, wenn er aus frischen duftenden Erdbeeren gemacht wird.

Zubereitungszeit : 30 Minuten
Im voraus : 1 Stunde
Garzeit : 10 Minuten

- *250 g Mehl*
- *75 g feiner Zucker*
- *100 g Butter*

- *250 g Erdbeeren*
- *1/2 Liter geschlagene Sahne*
- *1 Ei*

Mürbeteig herstellen: Mehl und Zucker vermengen. Butter zufügen und alles mit dem Ei vermischen. Den Teig zur Kugel verkneten und 1 Stunde ruhen lassen.

Rund ausrollen, einen Rand formen und den Boden mit einer Gabel durchstechen, dann 10 Minuten im heißen Ofen, Thermostat 7 (210°C), backen. Erkalten lassen.

Mit gekühlter Schlagsahne bestreichen und die Erdbeeren darauflegen.

Für 6 Personen.

BLÄTTERTEIG MIT RHABARBER UND WALDERDBEEREN (FEUILLETÉ À LA RHUBARBE ET AUX FRAISES DES BOIS)

Den sauren, aber schmackhaften Rhabarber, die Frucht unserer Großmütter, neu zu entdecken und ihn mit Walderdbeeren zu kombinieren, bringt noch mehr Tafelfreude.

Zubereitungszeit : 30 Minuten
Garzeit : 22 Minuten

- *160 g Blätterteig mit Butter*
- *2 Eier*
- *80 g Kristallzucker*
- *700 g Walderdbeeren*
- *300 g Rhabarberkompott (das man auch im Handel findet)*
- *2 Zitronen*

Aus dem Blätterteig vier Rechtecke schneiden und auf ein gebuttertes Backblech legen.

Die Eier verquirlen und mit Hilfe eines Pinsels auf die Rechtecke auftragen. Mit etwas Kristallzucker bestreuen. Für 12 Minuten in den heißen Ofen, Thermostat 7 (200°C), schieben. Die Erdbeeren putzen. In einen Topf 200 g Erdbeeren mit 60 g Kristallzucker und dem Saft von 2 Zitronen geben. Zum Kochen bringen und auf kleinem Feuer 5 Minuten köcheln. Umrühren und kalt werden lassen.

Restliche Erdbeeren halbieren.

Nachdem der Teig gebacken und abgekühlt ist, jedes Rechteck der Dicke nach mit Hilfe eines Messers aufschneiden.

Die unteren Rechtecke auf Teller legen und mit dem leicht über die Ränder laufenden Rhabarberkompott bedecken. Die Erdbeeren darauf anrichten.

Kalten Rhabarber-Saft um die Vierecke gießen.

Kurz vor dem Servieren die oberen Rechtecke heiß machen und auf die unteren legen.

Für 4 Personen.

◆

KÜRBISKUCHEN
(MILLAS)

Dieser Name stammt aus der perigordischen Mundart. Es ist ein Kuchen mit Kürbis, sehr duftend und farbintensiv.

Zubereitungszeit : 20 Minuten
Garzeit : 40 Minuten

- *500 g Kürbis*
- *200 g Maismehl*
- *100 g Zucker*
- *2 Eßlöffel Öl*

- *5 Eier*
- *2 Eßlöffel Rum*
- *1/2 Päckchen Backpulver*
- *1/2 Liter Milch*

Den Kürbis in Wasser weich kochen und abtropfen, dann zerdrücken. Mehl, Zucker, Öl, Eier, Rum, Backpulver und Milch zufügen, um einen Teig zu erhalten.

Den Ofen vorheizen, Thermostat 5/6 (180°C). Den Teig in eine ausgebutterte und mit Mehl bestreute, tiefe Tortenform geben. 40 Minuten backen.

Vor dem Servieren mit Zucker bestreuen.

Für 6 Personen.

KIRSCHSUPPE
(SOUPE DE CERISES)

Dieses Rezept kann auch mit schwarzen Pflaumen realisiert werden.

Zubereitungszeit : 10 Minuten
Garzeit : 15 Minuten

- *1 kg vorzugsweise schwarze Kirschen*
- *300 g Kristallzucker*
- *2 Flaschen Rotwein*
- *Orangenschale*
- *1 Prise Zimt*
- *1 kleines Glas Kirsch- oder Johannisbeerlikör*

Die Kirschen waschen und abtropfen. Die Stiele mit der Schere abschneiden, dabei 1 cm stehen lassen.

In einem Topf den Wein mit Zucker, Orangenschale und Zimt 7 Minuten kochen.

Die Kirschen zufügen. Nach dem Aufkochen noch zwei Minuten köcheln.

In eine Kompottschale geben und die Orangenschale entfernen.

Abkühlen lassen, dann den Kirsch- oder Johannisbeerlikör zugeben.

Gut gekühlt in tiefen Tellern servieren.

Für 6 Personen.

◆

KONFITÜRE DES ALTEN KNABEN (CONFITURE DE VIEUX GARÇON)

Die „Konfitüre des alten Knaben" genießt man hauptsächlich zu Weihnachten - und danach, sofern etwas übrigbleibt!

Zubereitungszeit : Einige Minuten bis zum Ende des Jahres !

- *1 kg Zucker*
- *1 Liter Schnaps*
- *Erdbeeren*
- *Himbeeren*
- *Aprikosen*
- *Feigen*
- *Pfirsiche*

- *Weintrauben*
- *Birnen*
- *Orangen*
- *Zitronen*
- *rote Johannisbeeren*
- *schwarze Johannisbeeren*
- *Pflaumen*

Ab Mai in ein Glasgefäß mit Deckel den Schnaps und den Zucker geben, vermischen und dann die Früchte zufügen, wie sie in der Reihenfolge im Frühjahr, im Sommer und im Herbst reifen.

INHALTSVERZEICHNIS

Der Verlag dankt der
gesamten Mannschaft des
Restaurantés für die freundliche
Unterstützung und ganz besonders
Monsieur und Madame Clévenot.

MANOIR DE BELLERIVE***
24480 - Le Buisson-de-Cadouin
tel 0033 05 53 27 16 19
fax 0033 05 53 22 09 05